Overseas Collections of Chinese Treasures

海外珍藏中华瑰宝

本丛书收录了2000件世界著名博物馆珍藏的中华瑰宝图片，其中不乏孤品、精品、罕见之品，它们展现了华夏五千年璀璨的文明，谱写着中国工艺美术辉煌的历史。

Blue and White Porcelain

明天顺末前 青花瓷

张怀林 / 主编

林 瀚 / 著

北京工艺美术出版社

图书在版编目（CIP）数据

明天顺末前·青花瓷/林瀚著.-北京：北京工艺美术出版社，2011.1

（海外珍藏中华瑰宝）

ISBN 978-7-80526-892-7

Ⅰ.①明... Ⅱ.①林... Ⅲ.①青花瓷（考古）－研究－中国 Ⅳ.①K876.34

中国版本图书馆CIP数据核字（2009）第231101号

责任编辑：陈高潮
英文翻译：张　绘
法文翻译：Brian Nichols
封面设计：符　赋
版式设计：大达设计公司
责任印制：宋朝晖

明天顺末前青花瓷

林瀚　著

出版发行	北京工艺美术出版社
地　　址	北京市东城区和平里七区16号
邮　　编	100013
电　　话	（010）84255105（总编室）
	（010）64283627（编辑室）
	（010）64283671（发行部）
传　　真	（010）64280045/84255105
网　　址	www.gmcbs.cn
经　　销	全国新华书店
制　　版	北京杰诚雅创文化传播有限公司
印　　刷	北京顺诚彩色印刷有限公司
开　　本	700毫米×1000毫米　1/16
印　　张	6
版　　次	2011年1月第1版
印　　次	2011年1月第1次印刷
印　　数	1～3000
书　　号	ISBN 978-7-80526-892-7/J·792
定　　价	36.00元

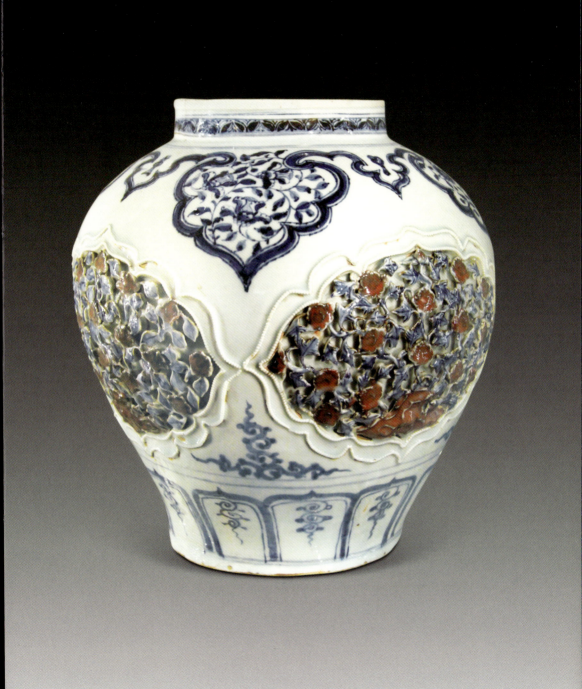

博物馆简介

大英博物馆
British Museum

位于伦敦大罗素广场，1753 年建立，是世界上建立最早、规模最大的博物馆。共有 100 多个陈列室，面积 7 万平方米，藏品 600 万件，其中中国的历代稀世珍宝达 2 万多件。

大卫中国艺术基金会
Percival David Foundation of Chinese Art

斐·大卫爵士将自己收藏的 1700 多件中国艺术珍品捐献给伦敦大学，伦敦大学遂设置了"大卫基金会"，并于 1952 年正式对外开放。2009 年 4 月起，全部藏品移至大英博物馆第 95 号展厅。

维多利亚和阿尔伯特（V&A）博物馆
Victoria and Albert Museum

位于伦敦，1852 年建立，是世界上最大的装饰艺术及设计博物馆。展品 450 万件，并设有中国艺术品专馆。1899 年，为了纪念维多利亚女王和她的丈夫阿尔伯特改名至今。

吉美国立亚洲艺术博物馆
Musée national des Arts asiatiques Guimet

位于巴黎第 16 区。1889 年，由里昂工业家吉美先生创立。1927 年，并入法国国家博物馆总部。1945 年，接受卢浮宫移来的亚洲艺术展品，因而成为首屈一指的亚洲艺术博物馆。

赛努奇博物馆
Musée Cernuschi

设于法国巴黎蒙梭公园旁的亨利·赛努奇古宅内。1898 年创建，是欧洲五大亚洲艺术博物馆之一。该馆以陈列亨利·赛努奇长期环球航海旅游所搜集的亚洲艺术品为主，共有艺术珍品 12000 件。

西班牙国家装饰艺术博物馆
Museo Nacional de Artes Decorativas

位于马德里蒙塔班街 12 号，建于 1851 年，欧洲著名装饰艺术博物馆之一。以收藏文艺复兴、巴洛克、洛可可及 19 世纪各国家具和装饰工艺品为主，藏品 90000 件。

前 言

张怀林

中国工艺美术是华夏文明熠熠闪光的瑰宝，是我国广大人民劳动与智慧的结晶，它见证了中华五千年光辉而曲折的发展历程，铭刻着数不尽的文化和科技信息。

目前，有相当数量的中华瑰宝正静静地躺在世界各大博物馆的展柜里，向来自地球各方的参观者默默地讲述着：在遥远的东方，有一个伟大而古老的中华民族，这个民族有着多么光辉而灿烂的历史和文明！

这些中华瑰宝，有些是陆地和海上两条丝绸之路上的经济贸易"使者"，也有些是在积贫积弱的那段历史时期下无知和屈辱的牺牲品。

说它们宝贵，并不在于拍卖会上拍出的天价，而在于它们的惟一性和不可再生性。这里有存世惟一的一对元代纪年款的至正青花象耳大瓶，有国内绝迹的明洪武款青花器，有近几年才听说的克拉克瓷和难得一见的五彩缤纷的外销瓷；还有一些在国内只有几件最多几十件的洒蓝碗、暗花枢府釉器、霁蓝龙纹梅瓶、宣德釉下三鱼纹高脚杯、永乐压手杯、德化何朝宗最精彩的关公和观音、汝窑器、官窑器……

当我在异国他乡，徜徉于这些出自本民族之手而自己却十分陌生的国之瑰宝面前时，出于一个出版工作者的本能和责任感，陶醉与感叹之余，我的第一个念头就是把它们装在书里带回去，与我们的同胞分享。

面对这一件件精美而久违了的宝器倩影，你可以在茶余饭后沉醉陶冶，可以追思华夏五千年沧桑沉浮，可以引领你步入收藏世界的大门并帮助你积累鉴赏古玩的常识，可以比对你的收藏品雌雄真伪，可以为你的论著寻找佐证或修正你的相关学术论点，也可以重新找回曾经中断了的那一段段工艺美术的历史……

目 录

一、 破土而出的彩绘瓷   01

二、 景德镇窑的新课题   03

三、 认识青花瓷   10

四、 神秘的元青花   13

五、 黄金时代的到来   14

六、 青花历史的巅峰   17

七、 辉煌的十年   18

八、 没有"空白"的青花   21

明天顺末前青花瓷

一、破土而出的彩绘瓷

唐三彩 印花 三脚托盘

附1 唐
大英博物馆藏
■ 该盘用了较多的蓝彩。

中国是世界上最早生产瓷器的国家。但是，在相当长的一段历史时期内生产的基本上都是单色瓷，如果从商代原始青瓷出现算起，大约持续了两千多年的时间。这些瓷器有青釉瓷、白釉瓷、黑釉瓷、褐釉瓷、酱釉瓷等。尽管每种釉色有深浅、冷暖等色调的区别，器物表面又有划花、刻花、剔花、贴花、堆塑等各种装饰处理，也有的通过窑变制作出一些肌理花纹，但总归还是一种釉色或以一种釉色为主调的天然装饰。

工艺与绘画结合在我国十分普遍而且由来已久，7500 年前仰韶文化彩陶上的图纹已十分精美，7000 年前漆器一出现就是与绘画装饰同步的，在丝绸上织出五彩缤纷的图案如果不算的话，长沙马王堆西汉軑侯妻墓出土的两千多年前的帛画则是在丝绸上绘画最早的例证。到了唐代，除了唐三彩釉陶（附图 1）以外，湖南铜官窑、四川邛窑等一些民窑的彩绘瓷破土而出并大量烧制（附图 2），为什么受朝廷掌控的邢窑、越窑等大窑却一直按兵不动，依然固守着白瓷、青瓷的单色瓷"阵地"？这是我国工艺史上一个值得仔细研究的课题。其中有种因素应该是必不可少的：瓷器比使用了几千年的陶器更加精致化，陶瓷界喜欢用"晶莹如玉"来形容瓷器，海外则把中国白瓷像象牙雕刻品一样珍惜。玉和象牙是只可雕琢，不可在其上绘画的，否则会破坏它们的质地之美，这是皇宫贵族的一种审美取向，这种审美取向有时会被人们保留相当长的一段时间，叫做"审美惯性"。有时审美惯性会表现得非常顽固，这个审美惯性导致了单色瓷器一流行就是两千多年。

到了北宋中期，河北磁州窑兴起。这是一座民窑，烧造技术和使用材

白釉红绿彩 执壶

附2
　唐
　铜官窑
　中国收藏

■ 铜官窑位于湖南省长沙市铜官、石渚新河一带，也称"长沙窑"。中唐时期创烧，停烧于五代十国，以生产彩绘瓷为主。

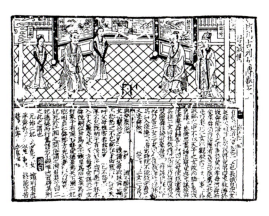

附3 **炻器 褐彩 庭园人物纹 枕**
北宋
磁州窑
吉美博物馆藏

附4 **书籍插图 古列女传**
北宋 嘉祐
建安版

料都无法和当时宫廷扶持的"五大名窑"相比，瓷器质量自然也略输人家一筹。在"名窑"林立的宋代，新的窑场要想生存和发展，惟一出路只有形式上的创新。唐宋时期已有个别小窑场烧制一些零星青花瓷和红绿彩瓷，尽管没有形成气候，至少反映出人们开始有了想改变瓷器单色化这一审美取向的诉求。磁州窑大胆地将民间这一新的审美"诉求"最大化，烧制了大量白地黑花（附图3）和黑釉剔花瓷器。宋代白地黑画的木版水印书籍插图十分流行（附图4），当人们习惯于欣赏插图黑白艺术之美的同时，这种敢于破例在白瓷上画黑花的磁窑器也就渐渐被默认了。

二、景德镇窑的新课题

元朝是个善于开拓的朝代，不仅开拓了中国有史以来最大的疆域，在文化方面也有许多重要建树，比如中国戏曲、文人画等都起源于这个朝代。在陶瓷业，宋代显赫一时的"五大名窑"在此时相继衰落，元朝政府决定

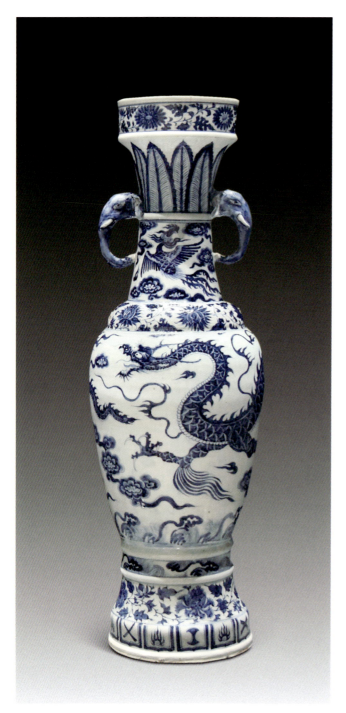

大卫瓶（对）

元 至正十一年（公元 1351）
大卫基金会藏

■ 这一对祭祀用象耳龙纹瓶是目前已知纪年最早的青花瓷，也是世界上最著名的中国瓷器之一。存世元青花瓷中，它们不仅是最大的、成对的，而且制作极其精美，自上而下共有八段纹饰，尤其瓶腹上的龙纹绘制得威猛生动，呼之欲出。除了象耳上的穿环丢失以外，品相基本完好。最重要的是瓶颈上的铭文明确地记录了这对供瓶的烧造年代。

■ 英国著名中国瓷器收藏家大卫爵士（Percival David）将这两个曾经天各一方的大瓶找齐，并放在了一起。鉴于这对大瓶收藏价值的极其珍贵和大卫先生的热心执著，人们亲切地称这对花瓶为"大卫瓶"，这也是目前收藏界唯一一件以收藏者名字命名的藏品。

■ 颈铭文："信州路玉山县顺城乡德教里荆塘社奉圣弟子张文进，喜拾香炉花瓶一付，祈保合家清吉，子女平安。至正十一年四月良辰谨记。星源祖殿胡净一元帅打供。"另一瓶颈铭文除"良辰谨记"改为"吉旦捐"外，其余皆同。

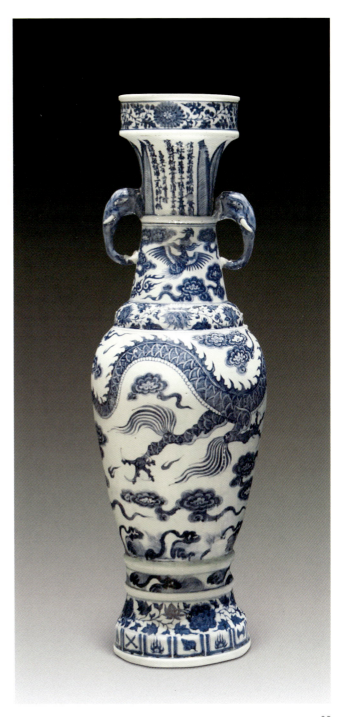

把制瓷重心放在南方，重点扶持景德镇窑，并在景德镇专门设置了"浮梁瓷局"督烧瓷器。景德镇窑地处江西东北部的新平镇，五代时即开始烧造青瓷、白瓷。北宋时在努力学习定窑先进技术的同时，创烧了青白瓷这一新的白瓷品种。由于朝廷的赏识，景德元年（公元1004）宋真宗把年号赐给了新平，"景德镇"从此得名。元代的景德镇窑在勇于开拓的社会大环境下，继青白瓷之后又创烧了卵白釉瓷，也叫枢府釉瓷。除此之外，景德镇窑决定在彩绘瓷器方面闯出一条新的路子来。磁州窑白釉黑花瓷器给了他们很大的启示，但黑与白的对比似乎过于强烈了一点，色彩能否再柔和并且更鲜艳一些？当时蓝印花布在江南一带十分流行（附图5），白地蓝花、

花卉纹　玉壶春瓶

2　元
吉美博物馆藏

■ 玉壶春瓶最早创烧于北宋，因宋人"玉壶先春"诗句得名。元代比较流行。

葡萄纹 玉壶春瓶

3 元
大英博物馆藏

■ 瓶颈上部的蕉叶纹，
常作为元青花器身的边
饰或纹饰间的装饰带。
多以较粗的线绘叶边，
而以很细的线绘叶脉，
成为元青花较具特色的
纹饰之一。（图1、图2、
图3、图5等）

缠枝菊纹 玉壶春瓶

4 元
大英博物馆藏

牡丹纹 双耳穿环 祭祀瓶

5 元
大英博物馆藏

■ 瓶下腹变形莲花瓣纹，是元青花纹饰的主要特点之一，俗称"八大码"。无论圆、琢器常以此为装饰带。莲瓣轮廓以一道粗线和一道细线平行勾勒而出，在每片莲瓣内又饰以朵花、朵云、火焰、杂宝等多种花纹，且每片花瓣间还有一定空隙。莲瓣也有多于或少于8瓣的。

西厢记人物纹 梅瓶

6 元（公元1320–1350）
V&A博物馆藏

■ 中国戏曲产生于元代。当时的工匠将戏曲中的各种人物和故事描绘于瓷器上，开创了瓷器艺术表现的新境界。

蓝印花布 金鱼莲花纹 方巾
江南
中国收藏

附5

蓝地白花，素雅而不失靓丽，简练而内涵丰富。如果在白瓷上描绘蓝花不是很好的创意吗？而且早在唐代的时候三彩陶就已解决了蓝釉彩的原料问题。于是，景德镇人开始尝试烧制青花瓷器，到公元 14 世纪初，即元延祐年间，景德镇窑已经可以生产出很不错的青花瓷器了。

元朝平定中原之后开始加快改变由于连年战乱导致的经济萧条局面。对内抓紧生产，对外扩大贸易。元朝广大的疆域往西已深入到西亚腹地，宋代中断的陆上丝绸之路又重新打通，东部沿海宋代开辟的海上丝绸之路仍然畅通无阻，对外贸易已经没有交通上的障碍，而外销的货物当时只能是土特产和手工艺品，瓷器是其中重要的货源之一。

由于审美惯性的影响，景德镇窑开发的青花瓷器在国内并没有被看好，销路一直打不开。外销需要瓷器，干脆把青花拿去"蒙"老外。出乎预料的是青花瓷在东南亚和中东一带大受欢迎，这对正准备打退堂鼓的景德镇人来说是一个振奋人心的大好消息，他们开始紧锣密鼓地大量烧造青花瓷以应付外销，与此同时不断提高青花瓷的质量。到元至正年间即公元 14 世

纪中期，仅几十年的时间，元青花就已烧造得十分成熟。

三、认识青花瓷

　　青花瓷是一种釉下彩瓷器。制作过程是先以含钴的矿物颜料在瓷胎上绘画，上釉后入窑再经1300℃左右的高温烧制，即出现白地蓝花的美丽图纹，中国人习惯将这种蓝色称为"青色"，"青花瓷"就这么叫起来了。青花着色剂钴料有国产和进口两种。国产钴料产于浙江、云南、江西一带，由于成分中高锰低铁，因此发色灰暗，大都为云南玉溪窑、浙江江山窑用以生产民用瓷。而景德镇青花因为由朝廷督烧，又是出口重点产品，因此所使用的钴料是从西亚进口的，俗称"苏麻离青"。这种色料的成分中低锰高铁，发色浓艳，烧成后其色料全部融于釉中，形成蓝色玻璃相，图纹边缘有晕散现象，青色浓厚之处有时有黑色铁斑析出，产生一种点染似的特殊效果。

　　元青花装饰题材丰富。花卉主纹饰有牡丹纹、莲纹、菊纹、三友纹、月梅纹等，组合图案中还常以牵牛、山茶、海棠、月季、枣花、萱草、灵芝、芭蕉及竹石、葡萄、瓜果等为衬托；动物题材有龙纹、凤纹、麒麟纹、鱼藻纹、鸳鸯卧莲纹、孔雀纹、鹿纹、海马纹等；人物题材以历史名人及元代兴起的戏曲故事为主，如唐太宗、蒙恬将军、陶渊明爱菊、周亚夫细柳营、昭君出塞、文姬归汉、三顾茅庐、萧何追韩信、百花亭、锦香亭、鬼谷子下山、尉迟恭救主等。

　　在器型上，元代除了生产一些精巧雅致的小盘、高足碗、玉壶春瓶、小罐等小件器物外，还烧制了一些大盘、大碗、大瓶、大罐等大器，饱满厚重、气派非凡。

云龙纹 带盖梅瓶

7 | 元
大英博物馆藏

■ 该瓶肩部纹饰称"云肩",又称"垂云纹",是元青花较具特色的装饰。其多在瓶、罐肩部饰以云头纹,纹内常加饰海马、海莲、折枝花、麒麟等图案。

花卉纹 八方执壶

8 | 元
吉美博物馆藏

■ 元青花既有恢宏雄壮的大器,又有灵巧秀美的小器。这只壶精致灵巧,壶流及壶柄上的铜饰是欧洲工匠装上去的。

水藻鱼纹 菱口大盘

9 元
大英博物馆藏

番莲菊纹 菱口大盘

10 元
大英博物馆藏

■ 图9、图10这些大盘从尺寸和纹饰看应属外销瓷。因中国人一般用盘子来盛菜，而且一菜一盘，因而盘子都较小，东南亚、南亚和中东等一些伊斯兰国家的穆斯林习惯席地而坐，大家一起吃饭，盘子不仅盛菜，也盛主食或水果，因而需要这样较大的盘子。

四、神秘的元青花

作为青花瓷初创时期的元青花，国内遗存极少，文献也少有著录，中国瓷器史上元青花几乎是一片空白。这是一个十分奇怪的现象，目前学术界有两种看法：一是认为元代青花瓷烧造只有短短几十年时间，总烧造量本来就不大，加之一个新的品种还没有被人们普遍接受，自然也得不到广泛关注；还有一种观点认为，明代统治阶级对少数民族在中原建立政权存有极端不满的情绪，明代建国后，曾在全国范围内进行过"碎瓷运动"，将元代瓷器几乎销毁殆尽，也不准文献记载。明代洪武二十一年（公元1338），曹昭在其文物鉴定专著《格古要论》中评价元青花时只用了十几个字轻蔑地写道："有青花及五色花者且俗甚矣。"

英国著名的中国瓷器收藏专家大卫先生，其收藏的一对署有元至正十一年款的青花云龙象耳瓶（国际收藏界称之为"大卫瓶"）既精美又有断代价值，1929 年在英国亮相，引起了英国学者霍布逊先生的关注，随即将其编入《大卫藏瓷谱》，并发表了《明以前的青花瓷》论文，对这两件元青花大加推介。到了 20 世纪 50 年代，美国原弗瑞尔美术馆馆长约翰·波普博士将此瓶上的青花色彩及纹饰特征与伊朗阿德比尔寺院、土耳其托普·卡普·撒莱宫殿博物馆的一些青花藏品进行比对研究，找出了一大批元青花名器重器，发表了《14 世纪青花瓷器：伊斯坦布尔托布卡普宫所藏一组中国瓷器》和《阿德比耳寺收藏的中国瓷器》两篇论文，指出了元青花的重要学术价值和艺术价值，并将元至正前后与"大卫瓶"品质、纹饰类似的青花瓷器定名为"至正型青花"。

元青花在国外学术界的研究成果对国内收藏界及研究界是一个很大的触动，元青花的研究被提上了重要议程。许多博物馆从明代青花器中确认出一批元青花，考古工作者也出土了一些窖藏元青花，目前国内确认的元青花已有 120 余件。加上海外收藏的 200 余件，一条元青花的发展脉络被明晰廓出，国内外学者对元青花的研究仍在继续。

　　由于元青花是青花瓷开创年代的产品，色彩浓艳，纹饰题材丰富，绘制精美，存世稀少。随着收藏界对元青花历史价值和艺术价值的认识不断深入，元青花近年已成为炙手可热的珍贵藏品。2005 年 7 月 12 日，英国伦敦克里斯蒂拍卖行以 1568.8 万英镑（当时约合人民币 2.3 亿元）高价，成功拍出了一件中国《鬼谷子下山》元青花罐，创出当时中国古玩拍卖历史最高价格。（见附图 6）

五、黄金时代的到来

　　一个新生事物的出现往往需要一个适应过程，青花瓷创烧出来以后，

青花 鬼谷子下山纹 罐

附6　元
　　英国私人收藏

番莲缠枝纹 八瓣盘

11 元
大卫基金会藏

莲瓣云纹 匜

12 元
大英博物馆藏

也是走过了从不被人们接受、关注，到被认可，最后到喜爱这样一条曲折之路。元至正十一年的那对青花龙纹大瓶（大卫瓶）是一个叫张文进的人花大价钱到窑场专门订制去敬奉神仙的，这是一件十分虔诚而慎重的大事，他选择了青花，说明青花在元末已被人们接受甚至重视这一事实。

到了明代，第一朝洪武年间即开始烧造青花。当然，作为一个推翻前朝的新时代，一定要表现出宏伟气派和与以往的不同，因而所烧碗盘等器型大而且厚重，通常一只巴掌大的杯托被烧成盘子那么大（图20）。由于处于建国初期，百废待兴，所以洪武时青花产量不高。因为战争，西亚进口的苏麻离青料暂时中断，洪武青花的色彩较元青花也显得浅而灰。因为遗存较少，很长一个时期，收藏界对洪武青花器不够重视。20 世纪60 年代以后，南京明故宫遗址和北京四中基建工地原皇宫库房遗址出土了数量可观的明初青花残片，才引起了一些古陶瓷研究者的关注。尤其是1994 年，景德镇珠山明初官窑遗址洪武地层大量青花残片的出土，人们才将一些传世的洪武青花器从元青花和永乐青花中分离出来，并开始了对洪武青花的系统研究。

永乐年间，人们逐渐从战争的阴影中摆脱出来，生产开始恢复。此时人们对青花瓷的喜爱已经到了狂热的程度，青花出口也异常火爆。市场需求极大地刺激了青花的快速发展，永乐、宣德年间，青花瓷生产进入了一个黄金时代。

六、青花历史的巅峰

景德镇窑是以白瓷闯开天下的。早在北宋时期，景德镇窑就紧紧跟住当时白瓷"泰斗"、"五大名窑"之一的定窑，亦步亦趋地认真学习，同时也有所创新，将白瓷烧造得炉火纯青。到了南宋以后，当定窑倒下之后，景德镇窑当仁不让地坐上了白瓷产地的第一把交椅。白瓷是青花以及所有

缠枝牡丹纹 兽耳罐

13
元
越南出土
吉美博物馆藏

彩绘瓷的成功基础，没有顶尖的白瓷，就不可能烧出一流的彩绘瓷。当年磁州窑早景德镇窑一步烧出彩绘瓷，由于磁窑的白瓷跟景德镇白瓷不可同日而语，所以，当景德镇一旦烧出青花，就把磁窑白釉黑花远远地甩在了后面。

明代永乐年间，景德镇窑在青白瓷、卵白瓷的基础上又创烧出滋润肥厚、恬静柔和，"白如凝脂，素犹积雪"的甜白釉瓷。与此同时，精心配制的胎土可以使胎体薄如蛋壳。施釉后的小件器物胎体几乎薄到半脱胎的程度，给人感觉好像只剩下裹在外面的釉皮。

烧造青花瓷的另一个要素是青料，永乐年间所用的青料是从伊朗进口的苏麻离青。苏麻离产于德黑兰南部 400 公里的格哈默沙村庄，据说有治疗眼疾的神奇功效，因而以伊斯兰圣人苏麻离的名字命名。元代通过"丝绸之路"传入中国，被用于烧造青花瓷器。明代永乐年间进口的苏麻离青品质特别优良，艳丽而深沉，浓重而透明，简直无与伦比，好像后世再也没有出现过这么好的青料。当然现在更得不到了，20 世纪 40 年代格哈默沙的这个苏麻离矿已经倒闭了。

永乐年间景德镇窑有如此雄厚的物质基础，再加上国泰民安的社会大环境，造瓷业蒸蒸日上，永乐青花也以其胎质细腻洁白，釉层晶莹肥润，发色浓艳幽深，器型丰富多彩，纹饰华丽精美，谱写了青花历史上最灿烂最辉煌的篇章。

七、辉煌的十年

明宣德朝虽然只有短短的 10 年，却创造了青花历史上的又一个不可逾越的高峰。宣德青花不仅品质好，而且产量高得惊人。据《大明会典》记载，仅宣德八年（公元 1433）一年，景德镇官窑在宫廷督陶官监督下烧造的龙凤纹青花瓷就达 443,500 件。

麒麟凤凰牡丹纹 龙耳罐

14 元（公元 14 世纪上半叶）
大英博物馆藏

■ 元青花主花纹饰多以莲
花和牡丹为主，且花与叶
的形式比较固定：牡丹花
叶呈肥腴状，尖瓣；莲花
花叶呈带双翅的葫芦形，
两种花花瓣都留白边。

孔雀牡丹纹 罐

15 元
大英博物馆藏

牡丹凤纹 狮耳壶形罐

16 元
大卫基金会藏

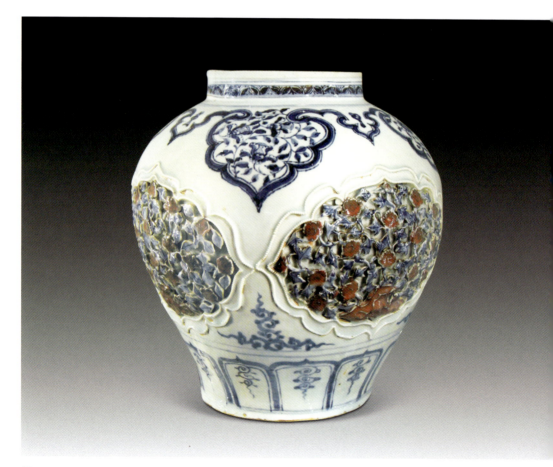

宣德和永乐两朝相隔不远，所产青花无论器型、纹饰，还是胎质、釉色都十分近似，以至后人常有"永宣不分"的感叹。其实仔细辨认，两者还是有细小区别的。

在款识方面，永乐青花很少有纪年款，只在几只压手杯底部曾出现过；而宣德纪年款特别普遍，多数宣德青花上都有款，有四字款、六字款，然"大明宣德年制"款居多。宣德款识没有固定位置和格式，有在器底的，有在器心的，有在口沿的，也有在肩部的；有两行竖书的，也有一行横书的；字外有双线圈框的，也有双线方框的……因此，收藏界素有"宣德款识遍器身"之说。

永乐白瓷胎体轻巧，此流行之风自然也带到在白瓷上画花的青花器上。永乐青花不仅胎体轻而薄，连纹饰也特别精巧。到了宣德，器物胎体开始厚重，纹饰风格也较粗犷，釉面常有橘皮纹。

明宣德朝，宣宗朱瞻基是个热爱艺术的皇帝，本人也会画画。他对瓷器生产特别关注，尤其是在青花瓷的造型和纹饰处理方面，他不但要求把传统工艺发扬光大，努力提高艺术品位，同时鼓励瓷师们不断创新。宣德年间是青花瓷新品种、新工艺最多的时期。如本书图64、图65、图66三只盘子，用浅色国产青料画海水，用深色苏麻离青画龙纹，丰富了画面色彩层次，加强了空间感；图67则把白瓷暗花技巧应用到青花中来，增强了青花的新鲜感；图71的洒蓝碗采用了吹釉技术，使器物表面形成一种漫天飞舞的雪花效果，因而也被叫做"雪花蓝"，这种神奇的新技术后来也被用在了颜色釉瓷的生产上；又如图80的深腹碗、图88的锦葵瓣高足杯、图95的盖钵、图96的花浇、图114的豆形罐等，都是宣德年间创烧的新器型。

八、 没有"空白"的青花

宣德十年（公元1435），宣宗皇帝英年驾崩，英宗朱祁镇继位，次年

青花釉里红
开光贴塑花卉纹 罐

17 元
大卫基金会藏

■ 这只罐也是元青花中的经典之作。花卉云纹披肩画得酣畅自如，白瓷贴花技术在这里的运用大有妙手生花之感，最为可贵的是出现了"釉里红"。元代釉里红的创烧成功为后世"斗彩""五彩"的繁荣点亮了耀眼的"明灯"。

立国号"正统"。当时英宗年仅8岁,大权旁落。公元1450年北方部落首领瓦剌乘虚进犯中原,烧杀抢掠。少年气盛的英宗亲率兵马驱敌,不料于土木堡兵败被掠,其弟朱祁钰承位,建朝"景泰"。英宗奇迹生还,八年后在"夺门之变"中复辟,改朝"天顺"。这三朝短短29年,政权频繁更替,内忧外患,民生凋敝,势必殃及瓷器生产。另外,宣德年间轰轰烈烈生产的瓷器宫廷中尚有大量囤积。从元代开始传入的铜胎掐丝珐琅器经永宣年的仿制已十分精美。景泰皇帝对此情有独钟,命大量制作,后来人们就把这种工艺品称作"景泰蓝"(附图7)。以上诸因素都严重制约了当时的瓷器生产,致使瓷器产量急剧下滑,创新停止。所以后世这三朝青花遗存稀少,相关著述也不多,学术界将这三朝青花历史称为"空白期"。

经过永宣二朝的繁荣发展,景德镇窑已经有了相当雄厚的经济和技术实力,也具备了应付社会环境突然变幻的能力。宫廷需要减少了,还有民间和对外贸易。因此,"正景天"三朝青花并没有真正空白,而只是衰减,或者说是青花史上的低潮。20世纪50年代以来,景德镇珠山、湖田等官窑遗址出土及南京明故宫玉带河遗址出土都证明了这一点。

"沉舟侧畔千帆过,病树前头万木春"。到了成化年,景德镇青花峰回路转,以一种新的面貌展示在世人面前。尤其清代的"康雍乾"时期,创造了青花历史上新一轮的辉煌。要想了解详情,请注意阅读本系列《成化后青花瓷》一书,在那本书里,我们以海外收藏实例图片为主,图文并茂地进行详述。本书对天顺前的青花瓷介绍到此就暂时告一段落。

**景泰蓝
缠枝莲纹 鬲式炉**

附7
明中期
吉美博物馆藏

花鸟纹 盘

18

明 洪武
大英博物馆藏

■ 洪武为明建国初期，百废
待兴，瓷器产量不高，目前
国内遗存较少且均无年号
款，不少收藏人士认为洪武
年间没有或不准写年号款。
该盘是青花瓷最早的纪年款
器之一，也可以修正目前的
"洪武无款"说。
■ 底有"洪武年造"款。

牡丹莲纹 盘

19

明 洪武
大英博物馆藏

■ 洪武年间青
花瓷使用的钴
蓝颜料大部分
是国产的，和
进口的伊朗颜
料相比色彩较
浅较灰。

莲纹 菱口杯托

20 明 洪武
大英博物馆藏

■ 这只杯托大似一只中型盘子。为了体现一个新王朝的气派，洪武年间的青花器型往往追求大而厚重。

菊花牡丹纹 碗

21 明 洪武
大英博物馆藏

■ 这只碗形体也较大，曾被打破，用金漆修补过。

番莲缠枝纹 盆

22

明 洪武
大英博物馆藏

■ 这又是一件青花大器。

折沿海浪纹
内壁牡丹缠枝纹 大盘

23

明 永乐
大卫基金会藏

■ 永乐以后景德镇绘制
青花又开始使用进口苏
麻离青料。"苏麻离"也
有译成"苏泥勃"的。
这种彩料在烧制后蓝色
浓艳。

葡萄花卉纹 菱口折沿大盘

24

明 永乐
吉美博物馆藏

莲花石榴纹 折沿大盘

25 明 永乐
大英博物馆藏

灵芝茶花纹 菱口折沿盘

26 明 永乐
大英博物馆藏

玫瑰水果纹 折沿盘

27

明 永乐
大英博物馆藏

■ 图25、图26、图27
几只大盘均为出口中
东的外销青花瓷，盘
口直径都较大。

西王母游瑶台纹 碗

29

明 永乐
大英博物馆藏

莲花海浪纹 折沿盘

明 永乐
大卫基金会藏

桃纹 压手杯

明 永乐
大英博物馆藏

■ 压手杯是明永乐
年间流行的一种茶
杯，器型小巧圆浑，
适合握于掌心。目
前这种杯存世极少。

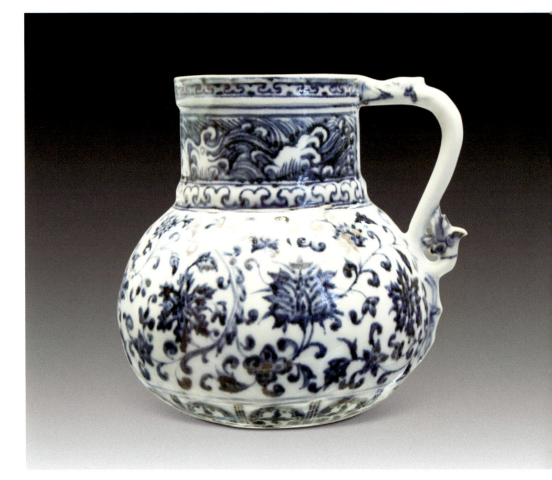

缠枝玫瑰纹 玉壶春瓶

32

明 永乐
大英博物馆藏

■ 永乐青花是最好的青
花，具有空前绝后的品
质。最好的图案设计是
受当时和早期的宫廷绘
画的启发。

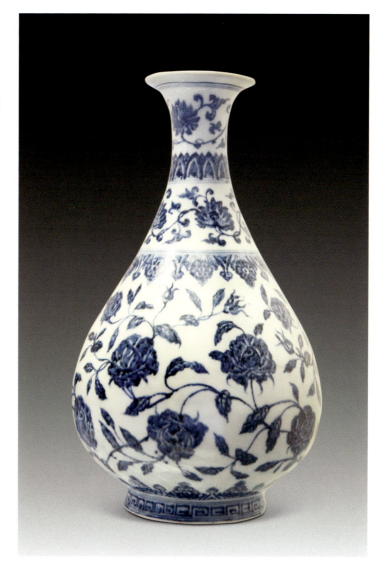

缠枝莲纹 螭柄花浇

31

明 永乐
大英博物馆藏

■ 这种花浇的造型仿
西亚伊斯兰黄铜及白
玉水器，流行于永乐、
宣德年间。永乐器为
螭柄，而宣德器为如
意柄。

萱草蝴蝶纹 玉壶春瓶

34 明 永乐
大卫基金会藏

梅枝对鸟纹 玉壶春瓶

33 明 永乐
大卫基金会藏

水果纹 梅瓶

35　明 永乐　　■ 永乐和宣德年间是中国对外贸易比较活跃的时期，很多出口到中东
　　大卫基金会藏　的青花瓷至今仍被陈列在土耳其和伊朗的宫殿里。

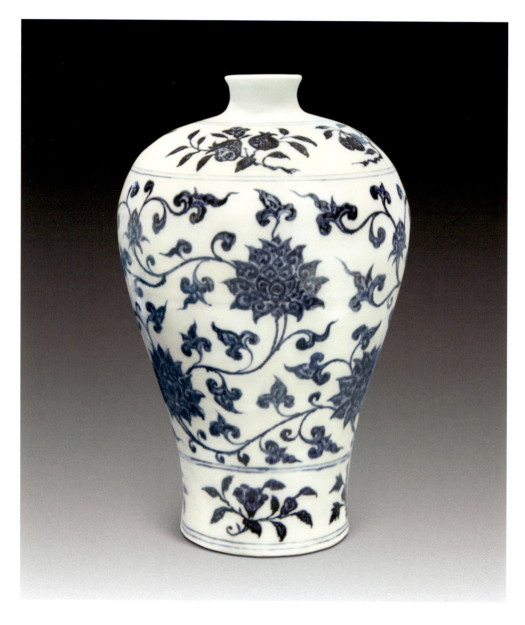

缠枝莲纹 梅瓶

36 明 永乐
大卫基金会藏

鸟栖桃枝纹 梅瓶

37 明 永乐
大英博物馆藏

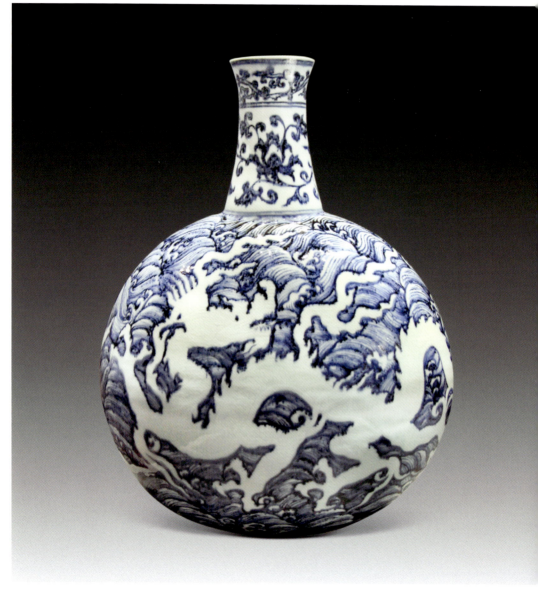

青花海水白龙纹　天球瓶

明　永乐
大卫基金会藏

■ 1994年，景德镇珠山皇窑遗址曾出土过这种又重又大的永乐白龙瓶。这只瓶与图39的瓶是一对，两图中龙的动态一模一样，只是一只是留白纹，另一只是青花纹，互为阴阳。

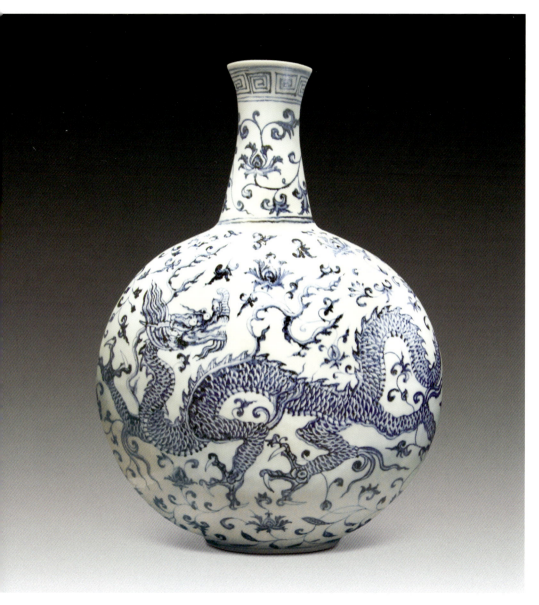

穿花龙纹 天球瓶

39 明 永乐
大卫基金会藏

■ 元代龙纹身躯细长如蛇，龙头 呈扁长形，双角，四腿细瘦，筋腱凹凸；
明青花龙纹中龙嘴似"猪嘴"，三爪内收成团状（明代也有五爪龙），"怒
发"上冲，龙周围有海水纹或火焰纹。

缠枝花卉纹 天球瓶

40 明 永乐
大英博物馆藏

■ 天球瓶腹部硕大如球，小口，长颈，平底，是仿照叙利亚珐琅彩玻璃瓶烧制的，制成后又外销到中东，目前在土耳其和伊朗仍可找到这种青花瓶。

"喜上眉梢"如意耳抱月瓶

41

明 永乐
大卫基金会藏

■ 这种瓶又称"宝月瓶"、
"卧壶",器有大小之分,造
型仿波斯金属器。

荔枝纹 如意耳抱月瓶

42

明 永乐
大英博物馆藏

■ 这种瓶宣德年间也有，但
永乐瓶上的青花颜色比宣
德瓶要深。

40

折枝茶花纹　如意耳抱月瓶

43　明 永乐
　　吉美博物馆藏

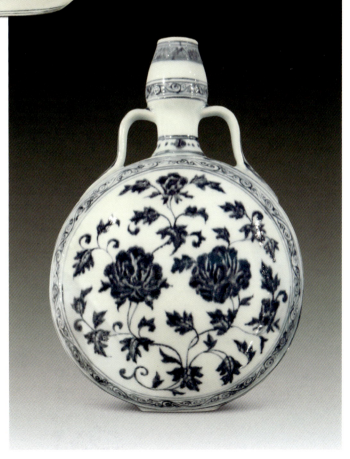

缠枝牡丹纹　绶带扁腹
葫芦瓶

44　明 永乐
　　大卫基金会藏

■ 这种瓶也属抱月瓶或宝
月瓶，只是口呈球形，瓶
似葫芦。

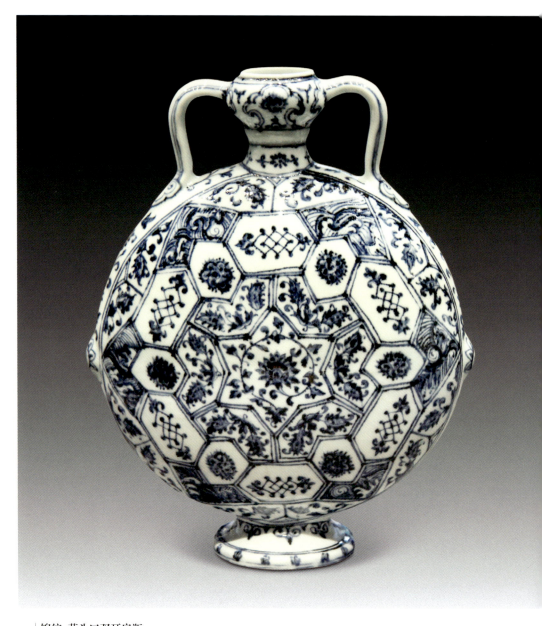

锦纹 蒜头口双耳扁瓶

45 　明 永乐　　■ 这种瓶又称"旅行瓶"，原型为中东金属瓶。
　大卫基金会藏

**缠枝花卉纹
长颈角嘴执壶**

46

明 永乐
大英博物馆藏

■ 这只壶的造型非
常接近 12–13 世纪
伊朗的银壶，但某些
细节按照中国传统的
形式加以改造：如将
十方形壶腹改为圆筒
形，向上翘起的流改
为方形并与口相平，
外撇高圈足改直圈
足，纹饰也应用永乐
时期流行的缠枝花卉
纹等。这是中国与西
亚文化相融合的艺术
结晶。

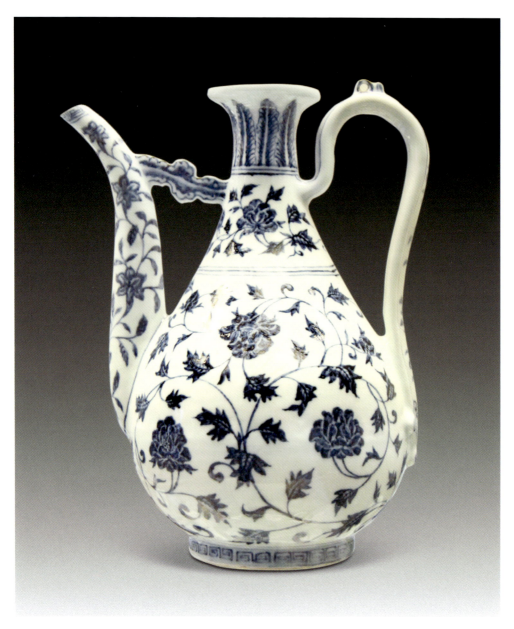

缠枝牡丹纹 执壶

明 永乐
大英博物馆藏

47

花卉纹 盖罐

48 | 明 永乐
大英博物馆藏

■ 这种造型和花纹的瓷
罐成化年间仍有生产，
但瓷质和绘工都与永乐
罐有所不同。

龙钮盖荷叶口沿罐

49 | 明 永乐
大卫基金会藏

青花　笔盒

50　明 永乐
大卫基金会藏
■ 这种盒原型为中东金属盒，这种金属盒在我国一直沿用至今。

宝相纹　抱月瓶

51　明 永乐－宣德
大英博物馆藏

花卉纹 盘

53 明 永乐 – 宣德
大英博物馆藏

菱口折沿盘

54 明 永乐 – 宣德
大卫基金会藏

龙首流执壶

55 明 永乐－宣德
大英博物馆藏

缠枝纹 碗
56
明 永乐 – 宣德
大卫基金会藏

番莲缠枝纹 碗
57
明 永乐 – 宣德
大卫基金会藏

花卉纹 鸡心碗

58 　明 永乐 – 宣德
大英博物馆藏

花纹 鸡心碗

59 　明 永乐 – 宣德
大英博物馆藏

缠枝花卉纹 鸡心碗

60 明 永乐 – 宣德
大英博物馆藏

海藻龙纹 盘

61 明 宣德
大英博物馆藏

■ 宣德年号款。

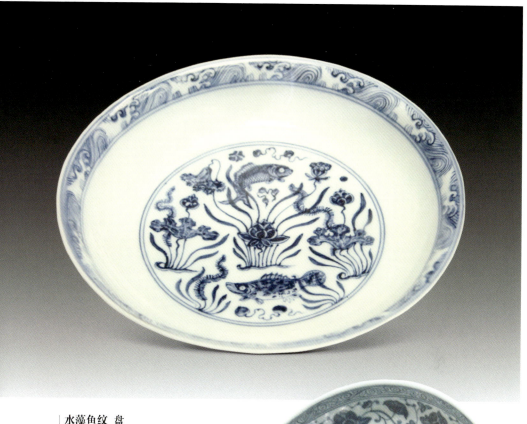

水藻鱼纹 盘

62 明 宣德
大英博物馆藏

■ 宣德年号款。

莲花缠枝纹 盘

63 明 宣德
V&A 博物馆藏

深浅双色青花龙纹 盘

64 明 宣德
大英博物馆藏

■ 底有"大明宣德年制"款。

深浅双色青花龙纹 盘

65 明 宣德
大英博物馆藏

■ 图 64、图 65、图 66 等瓷盘以青花深色画龙纹，以浅色画水纹。深色用的是进口苏麻离青料，而浅色用的是国产青料。盘底均有"大明宣德年制"青花款。

双色海水龙纹 盘

66 明 宣德
大卫基金会藏

暗花云龙纹 盘（对）

67 明 宣德
大卫基金会藏

双凤穿花纹 盘

68　明 宣德
大卫基金会藏

番莲缠枝纹 盘

69　明 宣德
大卫基金会藏

六开光葵瓣盘

70 明 宣德
大卫基金会藏

雪花蓝 骰子碗

71 明 宣德
大卫基金会藏

■ 这种釉叫"洒蓝釉"，也叫"青金蓝釉"，创烧于明宣德年间。用竹管蘸蓝釉汁并吹于白色器表，再以低温烧制，即形成蓝白相间、斑斑驳驳的色片，宛如飞舞的雪花，所以又叫"雪花蓝釉"。明代宣德洒蓝釉器存世只有 4 件。
■ 这只碗是宣德皇帝在景德镇皇家窑订制，专门用来玩掷骰子游戏的。

海外珍藏中华瑰宝

缠枝莲纹 碗

72

明 宣德
大卫基金会藏

■ 底有"大明宣德年制"款。

缠枝莲纹 碗

73

明 宣德
吉美博物馆藏

■ 底有"大明宣德年制"款。

58

牡丹缠枝纹 碗

74

明 宣德
V&A 博物馆藏

■ 底有"大明宣德年制"款。

乘鹤西王母纹 碗

75

明 宣德
大英博物馆藏

■ 宣德年号款。

石榴纹 碗

76　明 宣德
大卫基金会藏

■ "大明宣德年制"款。

三友纹 碗

77　明 宣德
大卫基金会藏

■ "大明宣德年制"款。

团花 葵瓣碗

78 明 宣德
大卫基金会藏

■ 这种葵瓣撇口直腹斜壁窄圈足的碗是仿北宋定窑白瓷造型，宣德年间比较少见。

缠枝菊纹 碗

79 明 宣德
大卫基金会藏

狮子纹 深腹碗（对）

80-1　明 宣德
大卫基金会藏　　■ 这对碗在当时就是一种新器形。

狮子纹 深腹碗（对）（俯视）

80-2　明 宣德
大卫基金会藏

高脚杯（三只）

81 明 宣德
大英博物馆藏

■ 宣德年号款。

麒麟纹 高足杯

82 明 宣德
大卫基金会藏

■ 高足杯（碗）元
代创烧，高足便于
握在手中，以适应
蒙古人骑马喝酒的
习俗。

双色海水龙纹 高足碗

83 明 宣德
吉美博物馆藏

■ 碗心 有 "大明宣德年制" 款。

双色龙纹 高脚碗

84 明 宣德
大英博物馆藏

■ 宣德年号款。

蓝地留白海马纹 高足杯

86 明 宣德
大英博物馆藏

■ 宣德年号款。

番莲纹 高足杯

85 明 宣德
大卫基金会藏

■ 碗心有"大明宣德年制"款。

蓝地留白龙纹 高足杯

87 明 宣德
大卫基金会藏

花果团花纹 锦葵瓣高足杯

明 宣德
大卫基金会藏

88

■ 这也是宣德年间创烧的一种
新器型。
■ 碗心有"大明宣德年制"款。

缠枝纹 高足杯

明 宣德
大英博物馆藏

89

■ 宣德年号款。

66

缠枝纹 深腹高足碗

90 明 宣德
大英博物馆藏

■ 明代高脚碗一般被用于佛教仪式，小
高脚杯有的也被作为世俗的酒杯。
■ 宣德年号款。

缠枝纹 豆

91

明 宣德
大英博物馆藏

■ 宣德年号款。

康乃馨纹 豆

明 宣德
大卫基金会藏

92

■ "大明宣德年制" 款。

缠枝莲纹 盖钵

93　明 宣德
大英博物馆藏

■ 在永乐和宣德年间很多中国瓷器是仿照伊斯兰教金属器皿制作的，有些作为外销瓷销往中东伊斯兰国家，少量的供国内宫廷中信仰伊斯兰教的宦官们使用。这是伊斯兰风格的盖碗。
■ 宣德年号款。

云龙纹 盖钵

94　明 宣德
大卫基金会藏

番莲缠枝纹 盖钵

95 明 宣德   ■ 这也是宣德年间的新器形。
   大卫基金会藏

莲花缠枝纹 花浇

96

明 宣德
大卫基金会藏

■ 这种花浇是仿西亚黄铜
及白玉水器的造型，宣德
年间的花浇为如意柄，与
柄相对的肩部横书"大明
宣德年制"款。

云龙纹 钵

97

明 宣德
V&A 博物馆藏

云龙纹 洗

98 明 宣德
大卫基金会藏

宝相纹 绶带扁腹葫芦瓶

99 明 宣德
大卫基金会藏

■ "大明宣德年制"款。

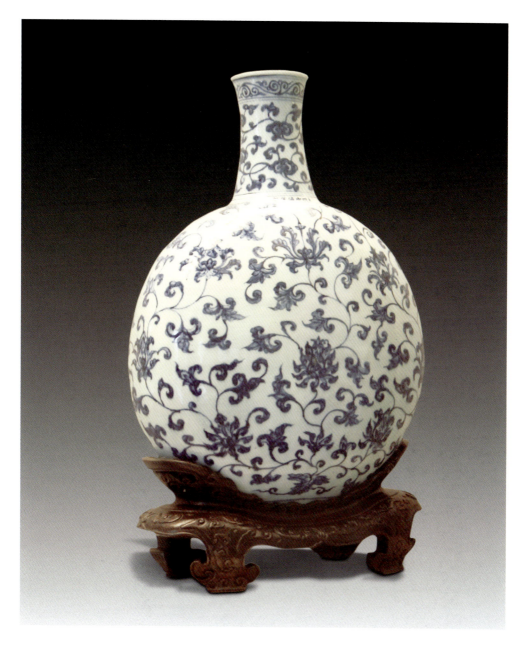

缠枝莲花纹 大扁瓶

100 明 宣德
大英博物馆藏

三友纹 大瓶

101 明 宣德
大英博物馆藏

■ 这只瓶较大，纹饰自上而下分了六层，瓶颈横书"大明宣德年制"款。

海水蕉叶纹 尊

明 宣德
大英博物馆藏

■ 这种尊也称"渣斗"。顾名思义，是装载残渣剩菜之用，是宣德日用瓷常见器型。在 2008 年香港苏富比春拍中，一件同类型的宣德渣斗，以 984.75 万港元的价格成交。
■ 宣德年号款。

102

海水蕉叶纹 尊

明 宣德
大卫基金会藏

103

海外珍藏中华瑰宝

缠枝纹 小罐

104 明 宣德
大英博物馆藏

缠枝纹 盂
105
明 宣德
大英博物馆藏

缠枝纹 盂
106
明 宣德
大英博物馆藏

番莲缠枝纹 佛教大捧盒

107

明 宣德
大卫基金会藏

仙人乘槎塑瓷 笔架

明 宣德
吉美博物馆藏

108

■ 树干阳雕草书铭"乘槎近斗牛，鱼化古今传"；阴刻款"大明宣德年制"。

罐式笔架

明 宣德
大卫基金会藏

109

■ 壁有"大明宣德年制"款。

应龙穿海纹 缸

明 宣德
大卫基金会藏

■《尔雅》中称有翼之龙为"应龙"。应龙纹用于青花瓷中始自宣德年间。这种缸为花园养鱼或水生植物之用，现存极少。
■ 宣德年号款。

牡丹缠枝纹 罐

111

明 宣德
大卫基金会藏

番莲缠枝纹 盖罐

112

明 宣德
大卫基金会藏

菊花缠枝纹 扁罐

113 明 宣德
大卫基金会藏

瓜棱豆形罐

114　明 宣德
大卫基金会藏

■ 这种豆形罐在宣德年间极为少见。

高士图 梅瓶

115 明 正统
V&A 博物馆藏

山水人物图 梅瓶

116 明 正统 – 天顺
吉美博物馆藏

携琴访友图 梅瓶

117　明 天顺
吉美博物馆藏

开光花卉寿纹 葫芦瓶

118-1

明中期
V&A 博物馆藏

■ 为了满足西方观众对中国瓷器的神秘感和好奇心，博物馆特意去掉了这只瓷瓶的玻璃保护罩，并允许观众用手触摸。这也是世界各大博物馆中唯一一件允许观众触摸的精致展品。（展品下面是刻有英文、中文和中、英盲文说明的铜牌）

开光花卉寿纹葫芦瓶说明铜牌

118-2

■ 中文和盲文说明："请用手摸这明中期釉下青花饰的瓷瓶，请脱戒指并勿摸本廊其它展品。"

后 记

　　近些年来，在我国掀起的工艺品收藏热方兴未艾。俗话说"盛世收藏"，这也从一个侧面反映出了我国国泰民安、经济繁荣的大好景象。中华五千年的历史和文化从未间断过，这在全世界是唯一的；全程见证五千年历史的中国工艺美术品，其形式和材料的多样化，制作的精美程度，在全世界也是首屈一指的。目前，许多出版物及互联网，对国内现存的工艺美术精品，从不同角度、不同层面分别进行了详细的介绍和精辟的研究。但是，大量流传在海外的中国工艺品在国内介绍的相对较少，我们出版这套《海外珍藏中华瑰宝》系列图书的目的，也正是为了填补这一空白。

　　收藏工艺品，并非只是为了保值、增值，更主要的还是为了陶冶情操，开拓知识面，提高艺术修养。正是基于这一点，我们在该书的叙述文字及图片说明中，除了对这些工艺品的材料、器型、纹饰、色彩等主要特征及制作工艺、辨伪技巧加以介绍外，还对这些器物产生的历史背景和时代特征予以阐述，同时结合纹饰的内容和形式，介绍有关的历史典故和民俗传统；对这些艺术品在艺术风格上所形成的流、派及发展和衍变过程，它们在美学上所产生的影响，近年国内外拍卖市场的行情等，也都作了不同程度的说明。由于这些藏品现存于海外，我们也特意介绍了中国工艺品在西方是如何受到狂热的追捧，及它们对西方艺术品制作所产生的影响；我们还介绍了西方学者在研究中国工艺品方面所取得的学术成就等。

　　根据我们了解的情况，这些在国际上影响较大的博物馆，对藏品的征集和研究是严肃认真的，鉴定是细致和科学的。我们把一些图片与北京故宫博物院等国内著名博物馆的同类藏品进行了比对，彼此的鉴定结论基本是一致的。书中所载的图片，除了极少数的附图外，绝大部分都是实物拍摄，因此，器物色彩还原比较真实。这样，对收藏爱好者和研究者准确地了解这些艺术品的原貌，提供了较为可靠的依据。由于本书作者的学识水平有限，书中难免存在谬误，不当之处，欢迎读者批评指正；对书中某些观点有不同看法，对某些藏品的真伪表示质疑，也欢迎读者提出来讨论。

　　我们本次出版的"瓷器卷"和"杂宝卷"，图片主要来自欧洲收藏中国工艺品最多的英国、法国，以及西班牙的几个世界级的大博物馆。随后，我们把其他国家收藏的中国工艺美术精品搜集、整理，也将陆续编辑出版。

　　本系列图书在作品的翻拍过程中，得到了大英博物馆、吉美国立亚洲艺术博物馆、大卫中国艺术基金会、维多利亚和阿尔伯特博物馆、赛努奇博物馆、西班牙国家装饰艺术博物馆、卡纳克·杰美术馆等机构的大力协助；在编辑、出版方面，受到北京工艺美术出版社陈高潮社长的热情关注和大力支持，在此，一并表示衷心地感谢！

作者

2010 年 10 月